Quart Verlag Luzern Anthologie 28

Amrein Herzig

Amrein Herzig
28. Band der Reihe Anthologie

Herausgeber: Heinz Wirz, Luzern
Konzept: Heinz Wirz; Amrein Herzig, Baar
Fotos: Roger Frei, Zürich S. 4, 6, 7 oben, 8, 9, 10, 12, 13, 22, 23 oben,
24, 25, 27, 28, 29, 42, 43 oben, 45, 46, 47, 48, 49; Lucas Peters,
Zürich S. 32, 33 oben, 34, 35, 36 unten; José Hevia Blach, Barcelona
S. 43 unten; Heiko Wehner, Marburg S. 15 unten; Beat Brechbühl,
Luzern S. 7 unten
Visualisierungen: maaars, Zürich S. 51, 52, 53; total real, Zürich S. 57
(Nr. 13); estudio obra, Zürich S. 58 (Nr. 14); studio 12 GmbH, Luzern
S. 58 (Nr. 15); Amrein Herzig verbleibende Fotos und Visualisierungen
Grafische Umsetzung: Quart Verlag, Linus Wirz
Lithos: Printeria, Luzern
Druck: DZA Druckerei zu Altenburg GmbH

Quart Verlag GmbH
Denkmalstrasse 2, CH-6006 Luzern
www.quart.ch

Anthologie 28 – Notat
Heinz Wirz

Wer bei Luzern über den Sedel und den Hundsrüggen wandert, begegnet unvermittelt einem Bauerngehöft, in dessen Zentrum ein neues Wohngebäude steht. Schnell wird klar, dass das würfelförmige, stringente Bauvolumen seine architektonischen Wurzeln – wie selten in den schweizerischen Landwirtschaftszonen – in der Geschichte der Moderne hat. Es bildet die Funktionen des modernen Wohnens ab. Gleichermassen ist es aber auch ein Ebenbild des traditionellen Bauernhauses. Es porträtiert zahlreiche Analogien des bäuerlichen Bauens und Wohnens. Dazu gehören der quadratische Grundriss, die Erschliessung der zwei Hauptwohneinheiten über einen gedeckten Laubengang, die geheimnisvoll verschlungenen internen Treppenläufe, die symmetrische Anordnung aller Räume, die Auflösung des Volumens durch tiefe Loggien im obersten Geschoss und schliesslich der mehrgeschossige Holzbau über dem massiven Sockel. Das Musterbeispiel für den zeitgenössischen Ersatz eines Bauernhauses vermag die Einfachheit und Würde des tradierten Typs fortzuschreiben.

Die zwei in Baar ansässigen, verschworenen Architektenpartner Claudio Herzig und Pirmin Amrein mit Wurzeln im Tessin, in Bern und Sursee konnten ihre vielfältigen Erfahrungen mit dem ruralen Gebäude in weiteren Projekten und Wettbewerbsbeiträgen vertiefen. Ihr Entwerfen hat System: Die städtebauliche Situation gibt ihnen Impulse für die Figur des Gebäudes. Der Topografie entnehmen sie nuanciert Koten für Zugänge und Geschosse. Sie entwerfen damit von aussen nach innen. Aus den Funktionen des Wohnens entwickeln sie raffinierte Raumkonstellationen, Treppenläufe und Fensteranordnungen. Im weiteren Entwurfsprozess gibt ihnen wiederum die Umgebung Impulse, etwa für die räumliche Auflösung der Baukörper nach oben, also wiederum ein Entwerfen von aussen nach innen. Das zeigt, wie vielfältig und komplex, aber auch wie lustvoll und reich die Baukunst sein kann.

Luzern, im Mai 2014

Bauernhaus Vogelsang, Ebikon
Projekt 2005; Ausführung 2005–2006

Auf einer Moräne zwischen Rotsee und Reuss betreibt die Bauernfamilie seit mehreren Generationen einen landwirtschaftlichen Betrieb. Die funktional unterschiedlichen Gebäudetypen um einen zentralen Erschliessungsraum sind über die Jahre zu einem starken Hofgefüge gewachsen. Der Neubau ersetzt das alte Wohnhaus und generiert durch seine Grösse und Platzierung ein Gleichgewicht mit der bestehenden gewachsenen Struktur. Gleichzeitig fungiert er als eindeutige Adresse des Bauernhofes. Mit seiner quadratischen Grundform reagiert der Baukörper auf den Standort: Er geht auf die vier verschiedenen, aber gleichwertigen Aussenräume kohärent ein. Alle architektonischen Elemente sind in das Volumen integriert. Diese Zurückhaltung in der plastischen Ausformulierung unterstreicht die Haltung, dass sich das geplante Wohnhaus in das Gesamtensemble eingliedern soll. Auf den zweiten Blick werden Analogien zu bäuerlichen Bau- und Wohnformen erkennbar: die Erschliessung der zwei Hauptwohneinheiten über einen gedeckten, seitlich angelegten Laubengang; die quadratische Grundrissdisposition mit ihrer unprätentiösen Raumstruktur; und nicht zuletzt die Konstruktionsweise – ein massiver Sockel unter dem mehrgeschossigen Holzbau.

Typisches Luzerner Bauernhaus:
Schürmatthaus, Udligenswil

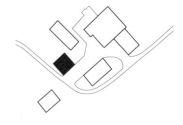

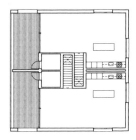

10 m

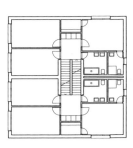

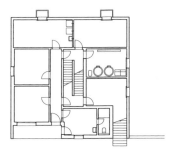

Mehrfamilienhaus Felsenegg, Rothenburg
Projekt 2006; Ausführung 2007–2008

Verlässt man Rothenburg Richtung Eschenbach, führt die stetig steigende Strasse bald auf eine Anhöhe, welche rechterhand eine imposante Aussicht über das ganze Reusstal, Pilatus und Rigi freigibt. Ältere Einzelbauten säumen rhythmisch die Eschenbachstrasse, dahinter folgt eine heterogene Wohnumgebung. Das bebaute Grundstück schliesst direkt an die Eschenbachstrasse an und weist aufgrund der Topografie eine unverbaubare Aussichtslage auf. Der Neubau ersetzt ein ehemaliges Bauernhaus, dessen Untergeschoss nicht rückgebaut wurde, sondern Teil des neuen Hauses ist. Die z-förmige Ausbildung des Volumens ermöglicht durch die resultierende Fragmentierung der Fassade die für das Quartier üblichen Proportionen und Abstände. Zwei unterschiedliche Aussenräume sind aufgespannt: einerseits der Zugangsraum im Nordosten entlang der Quartierstrasse Felsenegg und andererseits der gemeinsame Gartenraum im Südwesten. Durch die Hochparterrelösung sind die Aussenräume keiner Wohnung direkt zugewiesen, sondern für sämtliche Parteien zugänglich. Ein im Norden angrenzender Unterstand dient zur Parkierung der Fahrzeuge.

Melanistische Ringelnatter mit dunkel gefärbter Haut

Die grosszügigen Terrassen der vier Wohnungen bilden einen gut besonnten und privaten Aussenraum mit herrlichem Blick auf die Alpen. Das Zweischalen-Klinkermauerwerk entspricht der Anforderung der Bauherrschaft an eine möglichst unterhaltsarme Aussenkonstruktion. Fast wie eine Reptilienhaut umspannt sie den Baukörper. Der dunkle Ton soll die Grösse des Gebäudes optisch reduzieren und knüpft an die teilweise sehr dunklen Holzhäuser in der Eschenbachstrasse an.

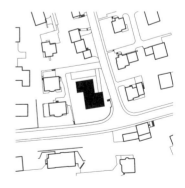

10 m

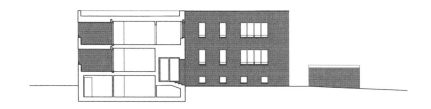

Reihenhäuser Mühlestrasse, Edlibach
Projekt 2008; Ausführung 2010–2011

Die Ortschaft Edlibach gehört zur politischen Gemeinde Menzingen im Kanton Zug und ist in eine hügelige Moränenlandschaft von nationaler Bedeutung eingebettet. Die schmale Parzelle liegt zwischen Bachtobel und Mühlestrasse und grenzt im Osten an ein im Inventar der schützenswerten Denkmäler eingetragenes Gebäudegefüge von 1798. Das Baurecht sah einen minimalen Strassenabstand von 4 Metern im Süden und im Norden einen Abstand zum Wald von 12 Metern vor, was einen bebaubaren Streifen von lediglich 3–4 Metern Tiefe erlaubt hätte. Mit einer Ausnahmebewilligung wurde die Unterschreitung des Waldabstandes möglich und somit auch die Bebauung der Parzelle.

Der schlanke, nur 7,7 Meter tiefe Gebäudekörper erstreckt sich über eine Länge von 44,5 Metern entlang der ruhigen Quartierstrasse und setzt sich aus drei identischen, vertikal organisierten Wohneinheiten zusammen. Öffnungen für die Garagen sowie grosszügige Terrassen auf verschiedenen Niveaus und mit unterschiedlicher Exposition erlauben Durchblicke in Richtung Wald und brechen den für das Quartier ungewöhnlich langen Gebäudekörper auf. Die Wohnhäuser sind subtil, aber in einer klaren Architektursprache in die Umgebung integriert. Die Rhythmisierung belässt die einzelnen Einheiten erkennbar – die einheitliche Fassadengestaltung mit einer Holzschalung macht aus der Gesamtüberbauung einen spannenden plastischen Körper. Die hohe Anzahl unterschiedlich dimensionierter und versetzt angeordneter Fenster nimmt der Überbauung die Strenge. Jedes Wohnhaus weist auf allen vier Seiten Fenster auf und verfügt somit über entsprechende Aussenbezüge.

Fensteranordnung eines älteren Wohnhauses in der näheren Umgebung

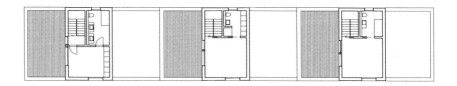

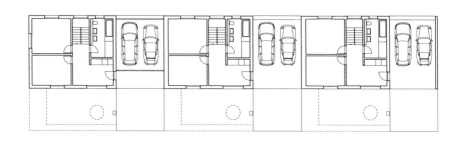

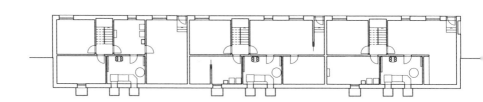

10 m

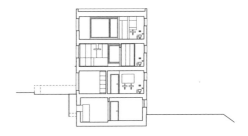

Wohn- und Atelierhaus Mühlestrasse, Edlibach
Projekt: 2010; Ausführung 2012–2013

Die leichte Drehung im Verhältnis zum langen Baukörper der Reihenhäuser und seine polygonale Form verleihen dem turmartigen monolithischen Wohnhaus eine ausgeprägte Selbstständigkeit, welche die Beziehung
zu den zwei benachbarten Gebäuden auf der anderen Strassenseite be-
günstigt. Es entsteht eine dorfähnliche Situation, ein erweiterter Strassen-
raum, zu dem sich die Hauseingänge orientieren.

Das kommunale Baugesetz hatte ein Attikageschoss erlaubt, jedoch mit
grossen Einschränkungen. Da zu erwarten war, dass die Dachterrasse
innerhalb der Bauparzelle die besten aussenräumlichen Qualitäten zu
leisten vermag, konnte nicht auf deren Einbezug via Attikaaufbau verzichtet werden. Unüblicherweise wurde daher zuerst anhand von Vo-
lumenstudien eine zufriedenstellende plastische Lösung mit Attikaaufbau
gesucht und erst danach eine innere Organisation entwickelt. Die vier-
eckige Grundform löst sich im Attikageschoss auf, zwei Volumen besetzen dort die jeweils entgegengesetzten Ecken. Dadurch erhält die Form
eine maximale vertikale Wirkung und auf allen Seiten das gleiche plastische Grundthema. Die Geschosse sind mittels raumhaltiger Zwischen-
wände, welche sämtliche Nebennutzungen inklusive der Treppenläufe
aufnehmen, viergeteilt. Raum und Raumbegrenzung sind dual wie Figur
und Grund. Die dienenden Raumschichten definieren die bedienten,

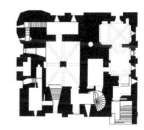

Comlongon Castle,
Schottisches Turmhaus, 1500

fliessend verbundenen Haupträume, welche sich jeweils auf einer der
beiden Aussenseiten strukturell nach aussen öffnen, und zwar pro Geschoss alternierend. Dieses Prinzip wird im ganzen Haus verfolgt und
führt zu einer kohärenten, in Sichtbeton gegossenen monolithischen Gesamtstruktur. Den Bewohnern steht eine Vielzahl von scheinbar gleichen
Zimmern zur Verfügung. Anhand von Ausrichtung, Besonnung und Er-
schliessungsdispositiv wird den Räumen beziehungsweise Raumgruppen
ihre spezifische Nutzung zuteil. Das Raumerlebnis im Innern wird be-
stimmt durch die diagonalen Sichtbezüge und die unmittelbare Präsenz
des Aussenraumes über die raumgrossen, rahmenlosen Glasscheiben.
Die Industrieschalung verleiht der Sichtbetonfläche eine nahezu glän-
zende Oberfläche. Zusammen mit den fassadenbündigen Ganzglas-
fenstern ergibt sich eine entmaterialisierte, ambivalente Oberfläche,
welche dem Gebäude einen gewollt unnahbaren Ausdruck verleiht. Tags-
über wird dieser Effekt durch die Spiegelung der Umgebung in den Fenstern verstärkt. Nachts hingegen, bei Kunstlicht, sind die Öffnungen als
konsequente Raumabdrücke der inneren Struktur ablesbar.

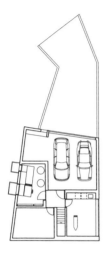

├─────────────┤ 10 m

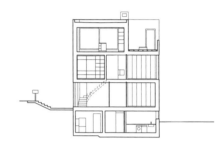

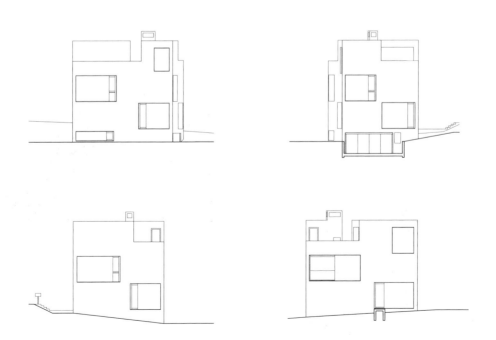

Wohnhaus, rechtes Zürichseeufer
Projekt 2009; Ausführung 2011–2013

Mit ihren rund 1000 Quadratmetern Grundfläche zählt die Parzelle zu den begehrten Privatgrundstücken im Wohnquartier der Zürcher Seegemeinde, in welchem nach und nach die älteren Wohngebäude durch neuere, in der Regel grössere Villenbauten ersetzt werden. Mit etwas Glück kann jeweils ein Teil des wertvollen gewachsenen Baumbestandes übernommen werden, wie in diesem Fall.

Der ursprüngliche Rebhang, an dem das Wohnhaus liegt, ist hier nicht mehr ganz so steil, die Aussicht zum See dadurch nur noch teilweise im Obergeschoss gegeben. Ein benachbartes Gebäude versperrt die freie Sicht nach Westen, dafür öffnet sich die Landschaft nach Süden. Die zwei geschlossenen Hausseiten sind an die jeweiligen Baugrenzen gesetzt. Auf der Südseite verzahnt sich das Gebäude mit dem hauseigenen Garten. Ess-, Wohnraum und Bibliothek besetzen das Erdgeschoss. Diese Räume weisen den grösstmöglichen Bezug zum Aussenraum auf, ohne dem Bewohner das Gefühl von mangelnder Intimität zu vermitteln. Dies wird mittels einer schottenartigen Wandabfolge im Grundriss erreicht, welche die Einsicht einschränkt, ohne Lichteinfall und Aussicht negativ zu beeinflussen. Die Einführung einer zweiten Raumschicht durch die Balkone mindert die direkte Exposition der Räume an der Fassade und schafft zugleich wertvolle wettergeschützte Aussenbereiche. Im Erdgeschoss sind die Nebenräume abgetrennt, die Haupträume hingegen mit dem Entree fliessend verbunden.

Casa Güell, Barcelona 1971, Architekt: José Antonio Coderch

Das resultiert in grosszügigen Raumeindrücken und Durchblicken. Die drei Schlafräume im Obergeschoss werden in der gleichen Struktur untergebracht. Der Bereich für die Eltern mit Schlafzimmer, Ankleide und Bad kann mit einer Schiebetüre von den restlichen Räumen abgetrennt werden. Alle Zimmer weisen eine Übereck-Befensterung und jeweils einen eigenen Balkon auf. Am Liftkern befindet sich ein zweigeschossiger, frei einsehbarer Raum, über welchen der Wohnbereich mit Zenitlicht versorgt wird.

Die Gebäudegeometrie resultiert aus der Analyse des Bauplatzes, gleichzeitig bildet sie das Raumprogramm ab. Alle Haupträume partizipieren in gleicher Weise am sorgfältig gestalteten Gartenraum, der Aussicht und der optimalen Besonnung. Mit dem hellbraun gehaltenen Kratzputz wird ein Material verwendet, welches im Quartier weit verbreitet ist. Bewusst wird auf die Gestaltungselemente der Villenbauten der Spätmoderne Bezug genommen.

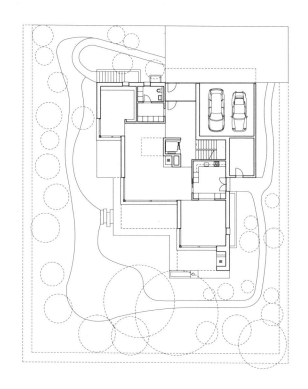

10 m

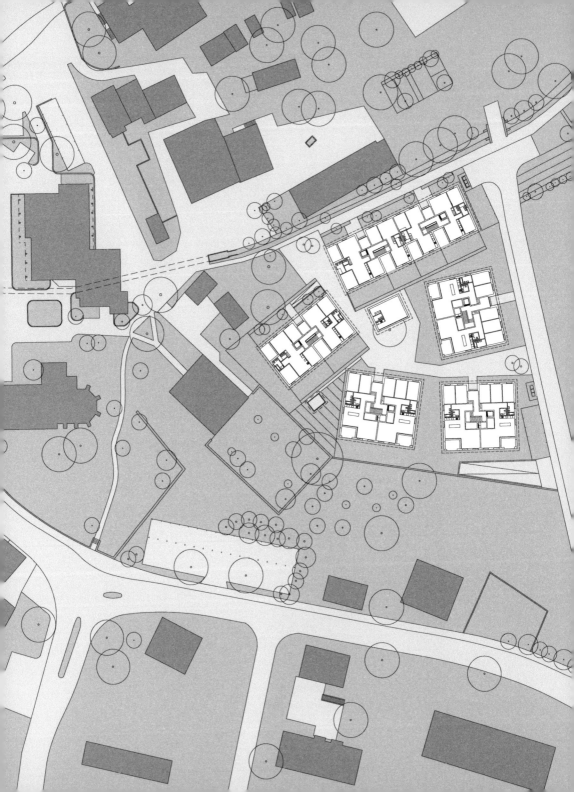

Wohnüberbauung Pfruendmatt, Mettmenstetten
Projekt 2013; Ausführung 2014–2015

Das zu überbauende Grundstück grenzt südöstlich an den Dorfkern von Mettmenstetten. Dieser besteht aus den zwei öffentlichen Bauten Kirche und Gemeindehaus im Zentrum sowie den angrenzenden, in Abstand gehaltenen Wohn- und Gewerbebauten. Die zwei projektierten Riegelbauten (längliche Bebauungstypologie) orientieren sich in ihrer Ausrichtung an der benachbarten nördlichen Bebauungsstruktur, gleichzeitig folgen sie dem Bachraum mit Chileweg und werten diesen zu einem neuen innerdörflichen Raum auf. Der scharnierartige Effekt generiert einen spannenden Auftakt zum Dorfinneren und erweitert die Dorfstruktur über den Dorfbach hinaus in das neue Pfruendmattquartier. Nebst einer gelungenen Erweiterung der bestehenden Gesamtstruktur ist für die zukünftigen Bewohner eine eigene qualitätsvolle Identität und Adresse der Überbauung innerhalb des neuen Dorfteils von grosser Bedeutung.

Bestehendes Ökonomiegebäude entlang des Dorfbachs in Mettmenstetten

Die zwei Riegelbauten werden mit drei punktförmigen Wohnhäusern so ergänzt, dass in der Mitte ein neuer quartiereigener Aussenraum entsteht. Dieser ist durch eine Gasse mit dem Dorfkern direkt verbunden und kann zusammen mit dem diagonal verlaufenden Fussweg als Erweiterung des dörflichen Wegenetzes verstanden werden. Die präzise Setzung der Gebäude und die zum Bestand analoge körnige, dichte Bebauungsstruktur generieren ein integratives Bebauungsmuster für die dörfliche Mitte.

Die orthogonale Grundform der Wohnhäuser verlangt nach horizontalen Traufen beziehungsweise Giebeln der Satteldächer und trägt zu einer kohärenten Gesamterscheinung der Dächer bei. Das neue Quartier wird durch zwei Typologien belebt: Riegel- und Punkthaus mit je einer unterschiedlichen architektonischen Ausformulierung. Zur plastischen Beruhigung wird bei beiden Typen bewusst auf auskragende Elemente wie Balkone verzichtet. Die privaten Aussenräume der Wohnungen werden als Loggien ausgebildet und sind dadurch in die jeweiligen Volumen integriert. Das restriktive Baugesetz liess wenig Spielraum in Bezug auf die Ausformulierung der Gebäude zu; dennoch konnte ein aufgeschlossener architektonischer Ausdruck gefunden werden, um dem Quartier ein zeitgemässes Erscheinungsbild zu verleihen.

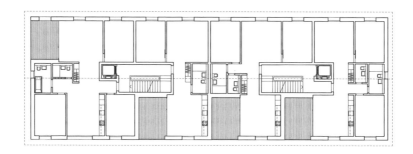

10 m

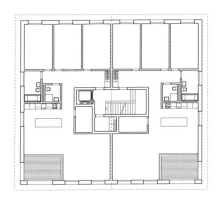

Werkverzeichnis (Auswahl)

1

2

3

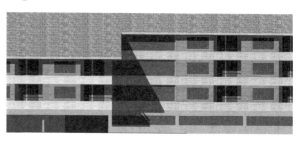

4

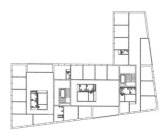

2005		Projektwettbewerb Behindertenwerkstätten/Wohnsiedlung, Lenzburg
		Projektwettbewerb Wohnüberbauung Viehmarktareal, Lenzburg
		An-/Umbau Mehrfamilienhaus, Meilen
		Studienauftrag Wohnüberbauung Hubel, Schenkon (mit
		Appert & Zwahlen Landschaftsarchitekten, Cham)
2006	5	Aufstockung Einfamilienhaus Kanalweg, Unterägeri
	6	Ideenwettbewerb Kernzone, Hitzkirch (mit Simon Businger, Luzern
		und Appert & Zwahlen, Cham); 1. Rang
		Mehrfamilienhaus Felsenegg, Rothenburg
		Aufstockung Einfamilienhaus, Kressbronn (Deutschland)
2007		Studienauftrag Hobacher-Moosberg, Gelfingen
	7	Projektwettbewerb Pflegeheim Frutigland, Frutigen; 2. Rang

5

6

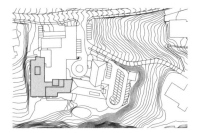

7

8

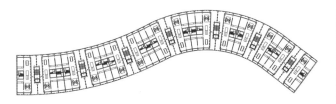

9

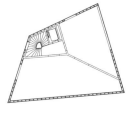

10

2009		Studienauftrag Lüssi-Göbli, Zug und Baar (mit Glöggler Röösli Architekten, Zug)
2010	11	Studienauftrag Ibelweg, Baar (mit Büro Konstrukt, Luzern)
2011		Wohn- und Atelierhaus Mühlestrasse, Edlibach
		Studienauftrag Einfamilienhaus Via Vecchio Tram, Davesco
2012	12	Projektwettbewerb Gemeindehaus, Unterägeri
	13	Projektwettbewerb Schweizer Kanzlei, Nairobi (Kenia)
		Studienauftrag Rütirain, Meierskappel (mit Axess Architekten AG, Zug)
		Testplanung Kreuzacker, Spreitenbach

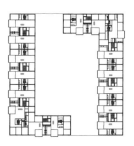

11

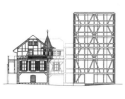

12

13

2013	**14**	Projektwettbewerb Seniorenzentrum, Schüpfen (mit Stefan Hauswirth Architekt, Zürich)
		Studienauftrag Mehrfamilienhaus Oerlikonerstrasse, Zürich
		Projektwettbewerb Scuola dell'infanzia, Tenero-Contra (mit Stefan Hauswirth Architekt, Zürich)
	15	Projektwettbewerb Altersheim Heinrichsbad, Herisau; 8. Rang (mit Stefan Hauswirth Architekt, Zürich)
2014	**16**	Projektwettbewerb Werkhof, Loveresse (mit Stefan Hauswirth Architekt, Zürich)

14

 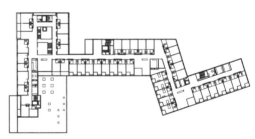

15

16

2014   **17**   Studienauftrag Ferienresidenz Limasan Village Padi, Langkawi (Malaysia)

           18   Projektwettbewerb Altersheim Seegarten, Hünibach (mit Stefan
Hauswirth Architekt, Zürich)
Projektwettbewerb Zurlaubenhof, Zug (mit Herzog Architekten, Zürich
und ASP Landschaftsarchitekten, Zürich)
Studienauftrag Einfamilienhaus Ringstrasse 2, Zug

Laufende Projekte
Wohnüberbauung Pfruendmatt, Mettmenstetten
19   Mehrfamilienhaus Belvedere, Bosco-Luganese

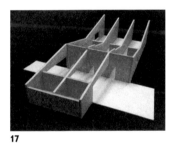

17

18

19

	Pirmin Amrein
1972	geboren in Bern
1993–1999	Architekturstudium an der ETH Zürich
2000	Diplom an der ETH Zürich
2000–2001	Mitarbeit bei Bächi Steiner Architekten, Zürich
2001–2003	Mitarbeit bei Renzo Bader Architekten, Zug
2003–2004	eigenes Architekturbüro
seit 2004	Partner bei Amrein Herzig Architekten GmbH

	Claudio Herzig
1973	geboren in Lugano
1993–2000	Architekturstudium an der ETH Zürich
2000	Diplom an der ETH Zürich
2000–2002	Mitarbeit bei Daniel Trösch, Zürich
2002–2004	Mitarbeit bei Renzo Bader Architekten, Zug
seit 2004	Partner bei Amrein Herzig Architekten GmbH

MitarbeiterInnen	Annika Grammel
	Dominik Irmiger
	Peter Ott
	Matthias Schaub
	Kim Schmidgall

Auszeichnungen

2006   *Holzpreis Zentralschweiz* (Bauernhaus Vogelsang Ebikon)
2007   *Die besten Bauten des Jahres 2006 in Luzern* (Bauernhaus Vogelsang
        Ebikon), verliehen von *Das Kulturmagazin*
2009   *Prix Lignum Schweiz*; Preisträger Region Zentrum (Bauernhaus
        Vogelsang, Ebikon)
        Energieförderpreis Unterägeri (Aufstockung Einfamilienhaus
        Waldhofstrasse, Unterägeri)
2012   Ausgewähltes Objekt für den *Zuger Bautenführer* (Reihenhäuser
        Mühlestrasse, Edlibach)
2013   Aufnahme des Bauernhauses Vogelsang ins Bauinventar des Kantons
        Luzern als Kulturdenkmal

Ausstellungen

2006   *Holzpreis Zentralschweiz*, Bourbaki Panorama Luzern
2009   Ausstellung zum *Prix Lignum Schweiz*, Luzern, Zug, Horw und Schwyz
        Bauen in der Landschaft, Stadtmühle Willisau
2013   Ausstellung zur Eröffnung Ziegeleimuseum, Cham

Bibliografie

2004   Wohnheim und Tagesstätte Rodonia Grenchen. (Projektbeitrag
        Feuersalamander, 6. Rang). In: tec21 Nr. 20, Zürich. S. 19
2006   Karin Winistörfer: Ein Zuger Projekt hat eingeschlagen.
        (Ideenwettbewerb Kernzone Hitzkirch, 1. Rang). In: Neue Luzerner
        Zeitung, 12. Mai 2006, Luzern. S. 32
        Ivo Bösch: Eine Kernzone umgestalten. (Projektbeitrag Heartbeat, 1. Rang)
        In: tec21 Nr. 22, Zürich. S. 30
        Bauernhaus der Zukunft. (Bauernhaus Vogelsang) In: Beilage zu
        Hochparterre Nr. 6–7, Zürich. S. 11
        1. Holzpreis Zentralschweiz. (Bauernhaus Vogelsang) In: Das
        Einfamilienhaus Nr. 6, Cham. S. 2
2007   Sauna zuhause. (Einbau Sauna Waldheimstrasse) In: küche & bad 2007,
        Cham. S. 87
        Massivholzbau. (Bauernhaus Vogelsang) In: Lignatec Nr. 20, Zürich. S. 9
2008   Erweiterung Pflegeheim Frutigland. (Projektbeitrag Mauritius, 2. Rang)
        In: tec21 Nr. 17–18, Zürich. S. 10
        Dorothee Lehmann: Bäuerliche Moderne. (Bauernhaus Vogelsang, Ebikon)
        In: Raum und Wohnen Nr. 8, Cham. S. 50–62
        Bauen mit Holz. (Bauernhaus Vogelsang) In: DETAIL Nr. 11, München.
        S. 1276–1279

2009	Ursula Mehr: Ein Privileg. (Bauernhaus Vogelsang) In: Karton Nr. 14, Ebikon. S. 8–9
	Ziegelei Museum Cham. (Projektbeitrag Seitling) In: hochparterre.wettbewerbe Nr. 2, Zürich. S. 92–93
	Timber Construction. (Bauernhaus Vogelsang) In: DETAIL (English Edition) Nr. 1, München. S. 38–41
	Silvia Weigel: Einsatz von Holz wird geehrt. (Bauernhaus Vogelsang) In: Neue Luzerner Zeitung, 27. Mai 2009, Luzern. S. 23
	Holzpreis Schweiz 2009. (Bauernhaus Vogelsang) In: Beilage zu Hochparterre Nr. 6–7, Zürich. S. 61–62
	Anna Schindler: Massive Hülle und ein lichtes Innenleben. (Mehrfamilienhaus Felsenegg) In: SonntagsZeitung, 19. Juli 2009, Zürich. S. 45
	Günter Pfeifer / Per Brauneck: Bauernhaus Vogelsang, AmreinHerzig Architekten. In: Freistehende Häuser. Eine Wohnbautypologie. Basel/Boston/Berlin: Birkhäuser Verlag. S. 30–31
2010	Christine Vollmer: Generationenwechsel. (Einfamilienhaus Kanalweg) In: Das Einfamilienhaus Nr. 1, Cham. S. 47–56
2013	Reihenhäuser Mühlestrasse, Edlibach. In: Bauforum Zug (Hrsg.): Zuger Bautenführer 1902–2012, Luzern: Quart Verlag. S. 221

Finanzielle und ideelle Unterstützung

Ein besonderer Dank gilt den Institutionen und Sponsorfirmen, deren finanzielle Unterstützungen wesentlich zum Entstehen dieser Publikation beitragen. Ihr kulturelles Engagement ermöglicht ein fruchtbares Zusammenwirken von Baukultur, öffentlicher Hand, privater Förderung und Bauwirtschaft.

Unterstützt vom
Kanton Zug

macht Kultur

ERNST GÖHNER STIFTUNG

Rudolf und Käthy Amrein, Sursee; Adrian und Annemarie Herzig, Cureglia

1a Hunkeler AG, Ebikon

A. Tschümperlin AG, Baar

Arber Agentur GmbH
Zollikon/Zürich

ASP Landschaftsarchitekten AG
Zürich

AS Ascensori SA
Mezzovico

Basler Versicherungen AG
Emmenbrücke

Biene AG, Winikon

Bauphysik & Akustik
Binz ZH/Rorschacherberg SG

Coneco AG, Zürich

De Giorgi & Partners SA
Muralto

Ralph Dorier Modellbau
Steinhausen

enerpeak salzmann ag
Dübendorf

Erni Bau AG, Steinhausen

Glas Trösch AG, Pratteln

Greutol AG, Otelfingen

Hänggi Flückiger AG, Zürich

Impresa Barella SA
Chiasso

Jansen AG, Oberriet

Walter Küng AG
Alpnach Dorf

Laghi Arnoldo & Figli SA
Caslano

Wohnbaugenossenschaft
maettmi50plus
Mettmenstetten

Regimo Zug AG, Zug

Rohr AG Reinigungen
Hausen b. Brugg

SABAG LUZERN AG
Cham

Tiba.
Tiba AG, Bubendorf

Urech | Bärtschi | Maurer
Bauingenieure
Urech Bärtschi Maurer AG
Zürich

Visani Rusconi Talleri VRT SA
Taverne

Zumtobel Licht AG
Zürich

Quart Verlag Luzern

Anthologie – Werkberichte junger Architekten

Quart Verlag GmbH, Heinz Wirz CH-6006 Luzern
books@quart.ch, www.quart.ch